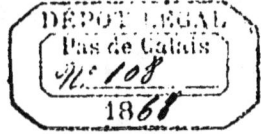

OBSERVATIONS

D'UN PAROISSIEN DE SAINT-JOSEPH

SUR LA PROPOSITION

FAITE AU CONSEIL MUNICIPAL

Dans sa séance du 26 septembre 1868,

RELATIVEMENT A L'ÉGLISE DE CETTE PAROISSE.

Pro aris.

BOULOGNE.

IMPRIMERIE C. LE ROY, 51, GRANDE RUE.

OBSERVATIONS

D'UN PAROISSIEN DE SAINT-JOSEPH

SUR LA PROPOSITION

FAITE AU CONSEIL MUNICIPAL,

Dans sa séance du 26 septembre 1868,

RELATIVEMENT A L'ÉGLISE DE CETTE PAROISSE.

L'église, qui depuis 1807 jusqu'au mois de mai de la présente année 1868, a été affectée à la paroisse de Saint-Joseph, est l'ancienne chapelle du couvent des Annonciades, auquel elle est attenante. Construite quelques années avant la révolution, elle fut consacrée, c'est-à-dire qu'elle reçut, selon les formes du rite catholique, la consécration spéciale que l'évêque donne à certaines églises.

Lors de la révolution, le couvent des Annonciades et son église devinrent propriétés nationales, mais ils ne furent pas vendus. Le Ministre de la Guerre en prit possession pour les affecter à divers services. Il détient encore aujourd'hui une partie des bâtiments conventuels pour la manutention du pain de la troupe.

En 1807 la paroisse de Saint-Joseph, dont l'église avait été démolie, et qui était réduite à louer, pour le service divin, des locaux particuliers très-insuffisants, réclama la concession de l'église des Annonciades, s'appuyant sur l'article 12 du Concordat et invoquant l'obligation que cette clause du traité passé avec le Saint Siége imposait au Gouvernement. Il ne fut fait droit à cette réclamation que d'une manière assez peu régulière en la forme. Au lieu de remplir les formalités tracées par l'art. 75 de la loi dite *articles organiques*, on se contenta d'autoriser la Fabrique de Saint-Joseph à se mettre en possession de la chapelle des Annonciades, au moyen d'une permission accordée par le Ministre de la Guerre, qui se réservait le droit de la révoquer en cas de besoin, révocation qui, comme on le pense bien, n'a jamais eu lieu ; jamais il n'est venu à la pensée du Gouvernement de nous reprendre un temple dont nous avions besoin, et qu'il nous devait en exécution de l'article 12 du concordat ainsi conçu : « Toutes les églises métropolitaines, cathédrales, pa- » roissiales et *autres*, non aliénées, nécessaires au » culte, seront remises à la disposition des Evêques. »

Le mot *autres* que je souligne s'appliquant bien évidemment à l'église en question pour les besoins de notre paroisse. Il s'y appliquait d'autant mieux que si notre ancienne église paroissiale ne pouvait plus nous être rendue, c'était par la faute de l'Etat qui l'avait démolie.

La paroisse a été installée au mois de mai dernier

dans la nouvelle église de Notre-Dame, relevée de ses
ruines ; mais son ancienne église connue sous le nom
de Saint-Joseph, sert encore au clergé pour des caté-
chismes, des retraites de première communion, et
autres exercices pieux. L'on y célèbre même encore la
messe, dans ces diverses occasions.

C'est dans cet état de choses que notre administration
municipale a pris l'initiative d'une proposition dont elle
ne connaissait pas toute la portée. Cette proposition
sur laquelle le conseil municipal a délibéré dans sa
séance du 26 septembre, et qui a été renvoyée à l'examen d'une Commission, tend à demander au Gouvernement la concession de l'église de Saint-Joseph, au
profit de la ville, pour être affectée à quelque usage d'u-
tilité publique. Quel usage ? Quelle utilité ? On a assez
de peine à le préciser ; car on parle de divers usages,
on parle notamment d'écoles dont le besoin ne se fait
nullement sentir, et qui ne sont mises en avant que
pour motiver la demande de cette concession.

Le but de cette demande, dans la pensée de M. le
Maire, est de faire un acte qu'il croit de bonne administration. Considérant cette église comme vacante,
pensant que l'État est maître d'en faire ce qu'il voudra,
il croit qu'il est à propos pour la ville de prendre les
devants et de traiter de gré à gré de l'acquisition de cet
édifice, sauf à en faire ensuite tel usage qu'elle avi-
sera. [1]

Si M. le Maire avait pensé que cette mesure dût blesser

1. Une ville obérée comme la nôtre devrait-elle encore faire de ces
sortes d'acquisitions, semblables à celle de la caserne, dont on sait trop
bien ce qu'elles coûtent, et dont on ne sait guères, en les faisant, à quoi
elles serviront ?

profondément les sentiments religieux d'un grand nombre de ses administrés, il ne l'eût certainement pas proposée. Bien moins encore l'eût-il fait s'il avait connu les graves objections qui s'élèvent contre cette mesure au double point de vue de la religion et du droit.

L'on ne peut pas sans profanation affecter à un usage profane un édifice sacré. Assurément un édifice construit pour le culte, et qui depuis plus de soixante ans sert à cet usage, a bien ce caractère ; mais l'église dont il s'agit l'a d'une manière plus particulière encore. Suivant les rites du culte catholique, on appelle spécialement sacrées les choses qui ont été consacrées à Dieu solennellement par les évêques, *quæ rite et per pontifices Deo consacratæ sunt.* La longueur et la solennité des cérémonies établies pour la consécration des églises, sont causes qu'un grand nombre ne reçoivent qu'une simple bénédiction, avant d'être livrées au culte. A l'égard de toutes les églises, l'usage profane auquel on les affecte, constitue toujours une profanation, mais à l'égard des églises consacrées cette profanation prend le caractère de sacrilège. Or dans l'origine, avant la Révolution, l'église des Annonciades, aujourd'hui de Saint-Joseph, a été consacrée ; elle a donc essuyé l'injure du sacrilège, lorsqu'elle fut confisquée par le gouvernement révolutionnaire, et livrée à des usages profanes. Ce sacrilège a cessé quand elle fut rendue à sa destination sainte, pour le service paroissial de Saint-Joseph ; il se renouvellerait si on lui donnait de nouveau une destination profane.

L'avenir de cette église nous préoccupait déjà depuis quelque temps, mais sans nous causer aucune inquiétude, car d'une part on entrevoyait une solution toute naturelle, dont je parlerai plus loin, et d'autre part on se croyait en sécurité du côté de l'autorité supérieure. Nous sommes loin en effet de ces temps malheureux où elle se faisait un jeu de profaner nos églises, et d'insulter notre religion. Les convoitises d'une étroite et mesquine fiscalité étaient le seul danger que nous entrevoyions, sans nous en alarmer beaucoup. Mais nous étions bien loin de prévoir que le coup partirait de notre administration municipale elle-même. Un coup reçu de la main à qui, au besoin, on se serait cru en droit de demander secours et appui, est plus sensible que venant de toute autre main.

Celui-ci cependant est adouci par la bonne foi évidente de M. le Maire, qui n'a ni voulu (il en est incapable), ni cru nous blesser dans nos sentiments religieux et dans nos croyances. Autant que personne il est pénétré de cette vérité que si, en fait de religion, chacun, pour ce qui le regarde, est libre d'en faire à sa guise, nul n'est libre de blesser la religion des autres, et encore moins de se servir pour cela du pouvoir municipal dont il a le dépôt. Ce qui prouve la bonne foi de M. le Maire, c'est la réponse qu'il a faite, dans la séance du 26 septembre, à un membre qui se récriait sur la profanation qu'on allait commettre. M. le Maire lui a répondu que ce n'est pas profaner une église que d'en faire une école. Grande erreur ! une église étant un édifice consacré à Dieu, *œdes Deo sacrata*, on ne peut, sans la profaner, l'affecter à un usage étranger au culte. On peut y donner l'instruction religieuse, mais on ne peut pas y tenir école de lecture, d'écriture, d'arithmétique, etc. En outre, M. le Maire ne prenait pas garde que, si il lui convient de faire aujourd'hui de cette église une école, il peut convenir à ses successeurs d'en faire tout autre chose ; qu'une fois entrée dans

le domaine de la ville, et mise au nombre de ses bâtiments communaux, elle devient, suivant le langage des
jurisconsultes, une chose placée dans le commerce,
c'est-à-dire aliénable, et susceptible de propriété privée;
qu'elle pourra dans l'avenir être mise en vente par la
ville, et être achetée pour toutes sortes d'usages, que,
le cas échéant, elle peut devenir un temple protestant,
une synagogue, etc... M. le Maire, et ceux des conseillers municipaux qui partageraient son erreur, doivent
donc se désabuser, et tenir pour certain qu'il ne s'agit
de rien moins que de faire subir à notre église une
flagrante profanation.

J'ignore si le fisc a des vues sur elle. J'aime à croire
le contraire, mais s'il en avait, il serait certainement
enchanté de voir notre administration municipale assu-
mer l'odieux d'une initiative qu'il lui répugnerait peut-
être de prendre. Qu'elle se garde bien de jouer ce rôle,
ce n'est pas à elle à tirer pour lui ces marrons-là du
feu.

Nous sommes loin d'ailleurs d'être sans moyens de
défense contre des prétentions qui soulèveraient une
question des plus graves et des plus délicates.

Que nos rites religieux, et nos choses sacrées aient
été méprisés et violés autrefois par un gouvernement
révolutionnaire et impie, cela se conçoit. Ennemi de la
liberté religieuse, et spécialement de celle des catholiques, il ne devait pas se faire scrupule de profaner
les temples d'un culte qu'il proscrivait. Mais ce temps
d'odieuse mémoire est bien passé : si la Religion catholique n'a plus le titre de religion de l'État, au moins
est-elle, comme religion professée par l'immense
majorité des Français, au premier rang de celles dont
nos lois protègent la liberté. Or un des devoirs essen-

tiels qu'impose à l'État cette protection qu'il nous doit, est de respecter les choses auxquelles notre religion a imprimé un caractère sacré. C'est en se plaçant à ce point de vue, c'est pour observer le respect qu'assure à nos lois religieuses le principe de la liberté des cultes que, malgré le silence du Code Napoléon sur ce point, nos tribunaux et nos cours maintiennent le célibat ecclé- siastique contre les prêtres qui voudraient le violer. En vertu du même principe, l'État ne doit-il pas aussi respecter nos lois religieuses à l'égard de nos temples, et s'abstenir de tout acte qui rappellerait et renouvelle- rait les profanations et les sacriléges d'une autre époque. Qu'il fasse ce qu'il voudra des temples qui furent alors et qui sont restés profanés, mais qu'il respecte ceux qu'il a rendus au culte ; qu'il respecte chez nous une église dont soixante-et-un ans de service divin ont fait refleurir la consécration, et qu'ils ont rendue chère à quatre générations de catholiques. Qu'il considère que nous et nos enfants, nos pères et nos grands-pères, nous avons prié dans cette église, et que les deux dernières de ces quatre générations y ont été baptisées ; qu'il comprenne que cela nous attache à la sainteté de ce temple par un lien qu'on ne peut pas briser sans dou- leur, et sans outrage, qu'enfin il ne nous condamne pas à être témoins de son déshonneur et de sa profanation. Le principe de la liberté des cultes que nous invoquons donne à ces considérations, outre la valeur d'un senti- ment bien respectable, celle d'un véritable moyen de droit. Si contre toute attente le ministre n'en était pas touché, il nous resterait le recours à la justice du Conseil d'État, et au besoin à la sagesse et à la religion du Souverain.

Mais, me dira-t-on, l'usage que l'on fait encore de

cette église ne peut pas se prolonger indéfiniment;
qu'en ferait-on, si cet usage venait à cesser ? J'ignore si
et quand cet usage cessera. Je n'ai ni mission ni qualité
pour faire à cet égard aucune déclaration. Je me borne
à dire que l'usage qui devra être fait de cette église est
l'affaire de l'Évêque, et ne concerne pas la ville. A mon
avis, et c'est le sentiment général, le meilleur usage que
l'on pût en faire, si elle devenait tout-à-fait inutile à la
paroisse, serait de la rendre aux Annonciades. Cette
solution que, quant à moi je hâte de mes désirs, aurait
l'avantage de satisfaire tous les vœux, celui de l'équité
à l'égard de ces bonnes religieuses, et celui de la Religion et des paroissiens de Saint-Joseph à l'égard de
leur église, qui conserverait toujours par ce moyen son
caractère sacré.

A. GROS,

ancien avocat.

APPENDICE.

— ..

Je donne ici, pour ceux de mes lecteurs qui ne la connaîtraient pas, la lettre que j'ai écrite au journal *la Colonne*, à la première nouvelle que j'ai eue de cette affaire.

Baincthun, le 26 septembre 1868.

Monsieur le Rédacteur,

Donnez-moi, je vous prie, une place dans votre journal, pour y pousser le cri d'étonnement douloureux que m'arrache l'étrange nouvelle que j'apprends à l'instant.

Le Conseil municipal délibère ce soir sur une proposition tendante à séculariser l'église de Saint-Joseph, pour la consacrer à quelque usage d'utilité publique. J'espère que cette proposition ne passera point, ou qu'à tout le moins on prendra quelque moyen dilatoire, tel que le renvoi à l'examen d'une commission, pour se donner le temps d'y réfléchir. Cette affaire, en effet, est assez grave pour mériter réflexion ; mais elle n'en demande pas une bien longue pour être frappé du côté moral qu'elle présente, et qui en fait toute la gravité.

M. le Maire et MM. les conseillers municipaux sont trop pénétrés du respect dû au sentiment religieux des populations, pour vouloir le blesser. Eh bien! qu'ils y prennent garde, la mesure proposée blesserait profondément ce sentiment. Nous ne sommes plus à ces jours de triste mémoire, où une profanation d'église était un fait tellement répété, tellement mêlé à d'autres horreurs bien plus grandes encore, qu'il fallait bien s'y résigner en silence, et presque s'y habituer. Nous n'en sommes plus là, grâce au Ciel ! aujourd'hui, la maison de Dieu n'est plus la première venue, et si elle n'inspire pas à tous le même sentiment pieux, à tous du moins elle s'impose comme un objet pour lequel les plus indifférents doivent respecter le respect des autres. Je ne veux pas, quant à présent, m'étendre davantage sur ce sujet ; je le ferai peut-être ultérieurement, et sous une autre forme de publicité, si il est donné suite à cette affaire. Je me borne, pour exprimer sous une formule personnelle une pensée qui sera celle de bien d'autres personnes, je me borne, dis-je, à déclarer que je me sentirai blessé et outragé dans mes affections les plus sacrées et les plus chères, si je vois consacrer à un usage profane, le temple où j'ai fait baptiser mes enfants et où j'ai présenté aux prières et aux bénédictions de l'Église, les dépouilles mortelles de mon père, de ma femme et de ma fille. Que ces douloureuses paroles fassent réfléchir M. le Maire et son conseil municipal, et leur fassent sentir toute la gravité morale de cette affaire. Je les supplie, je les adjure d'y prendre garde, et je leur rends trop justice pour ne pas faire avec toute confiance, cet appel à leurs sentiments.

Recevez, etc.

A. GROS,

ancien avocat.

Il ne sera pas inutile d'ajouter à cette lettre quelques observations pour aller au devant d'une objection qui m'a déjà été faite en conversation. En quoi, m'a-t-on dit, les paroissiens de Saint-Joseph seraient-ils plus à plaindre que ceux de Capécure qui voient aujourd'hui rendu à des usages profanes, le local où on a célébré le service divin pour eux avant la construction de leur église? Ce cas, ai-je répondu, diffère essentiellement du nôtre. Ce local était une maison particulière prise à loyer qu'il fallait bien rendre à son propriétaire, et à sa destination naturelle. C'est ainsi que pendant les six premières années du Concordat, le service paroissial de Saint-Joseph a erré dans la haute-ville, et s'est fait successivement dans des maisons de la rue d'Aumont, de la rue du Puits-d'Amour, et de la rue Saint-Jean.

Les locaux où l'Église, privée du temple, célèbre provisoirement le service divin, sont pour elle ce que l'hôtellerie est pour le voyageur. Elle y dresse ses autels, comme l'habitant du désert dresse sa tente au lieu où il s'arrête le soir pour le quitter le lendemain. Elle ne fait pas des lieux consacrés de ces lieux de passage empruntés un instant aux usages profanes pour leur être rendus. Il en est tout autrement de l'édifice religieux qui a été construit tout exprès pour être une maison de prières, pour être un temple élevé à Dieu, et qui lui a été consacré. C'est seulement à un temple de ce caractère que peuvent s'attacher ces souvenirs pieux, qui ne permettent pas d'en voir la profanation sans douleur. Ajoutons que la restitution aux usages profanes d'un local qui leur a été momentanément soustrait pour un usage sacré, étant un fait nécessaire, ne peut blesser même ceux qu'elle ferait souffrir ; car il n'y a que les faits libres et volontaires qui puissent être blessants : or c'est d'un fait de ce genre qu'il s'agit ici, puisque ce serait de gaieté de cœur, et sans nécessité aucune, que l'on provoquerait la profanation de notre église.

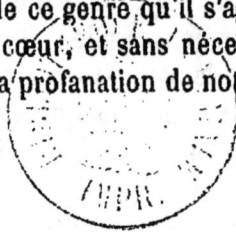

Imp. C. LE ROY.

www.ingramcontent.com/pod-product-compliance
Lightning Source LLC
Chambersburg PA
CBHW060731280326
41933CB00013B/2593